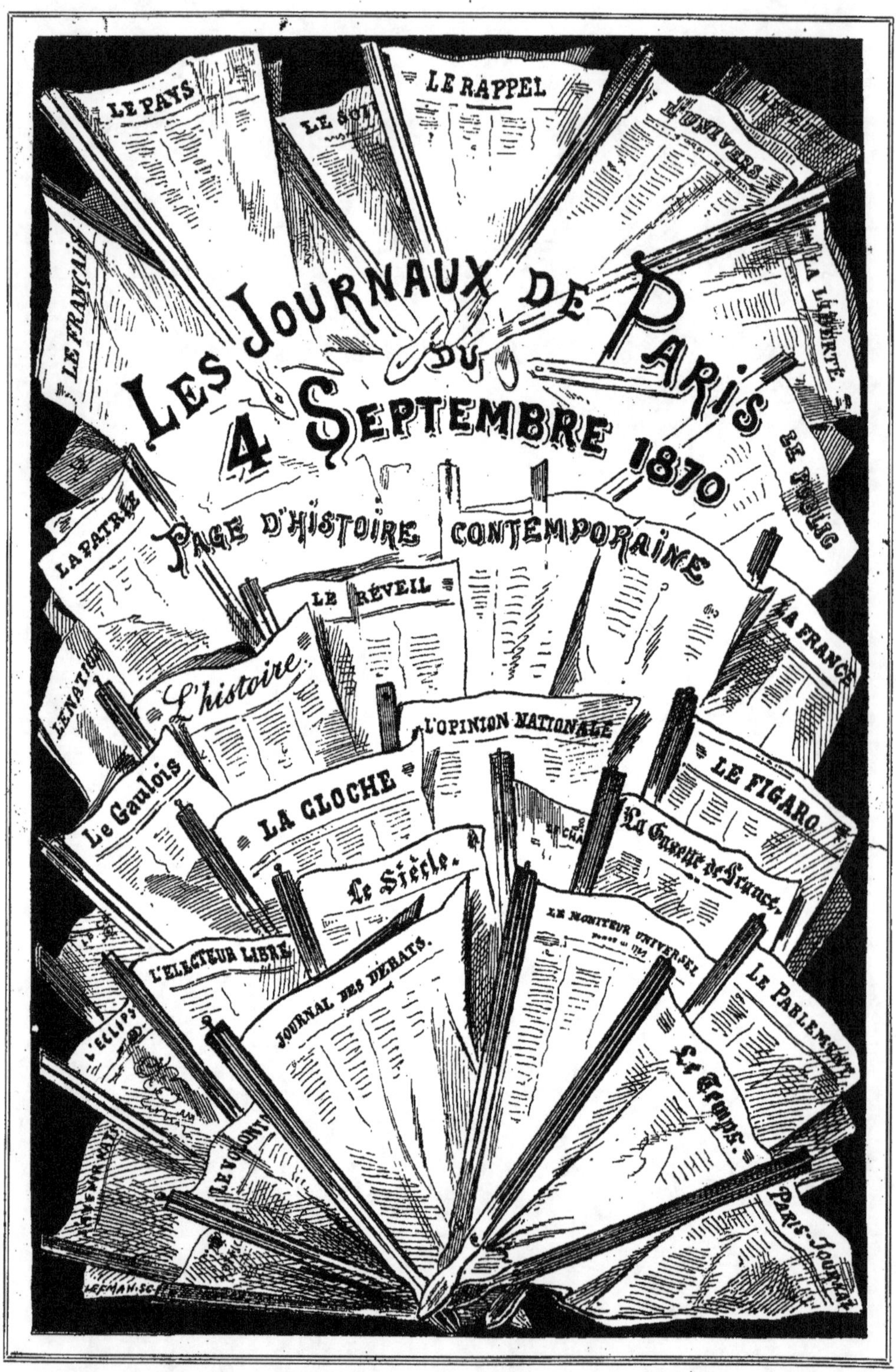

A LA *LIBRAIRIE ILLUSTRÉE*, 16, RUE DU CROISSANT, A PARIS

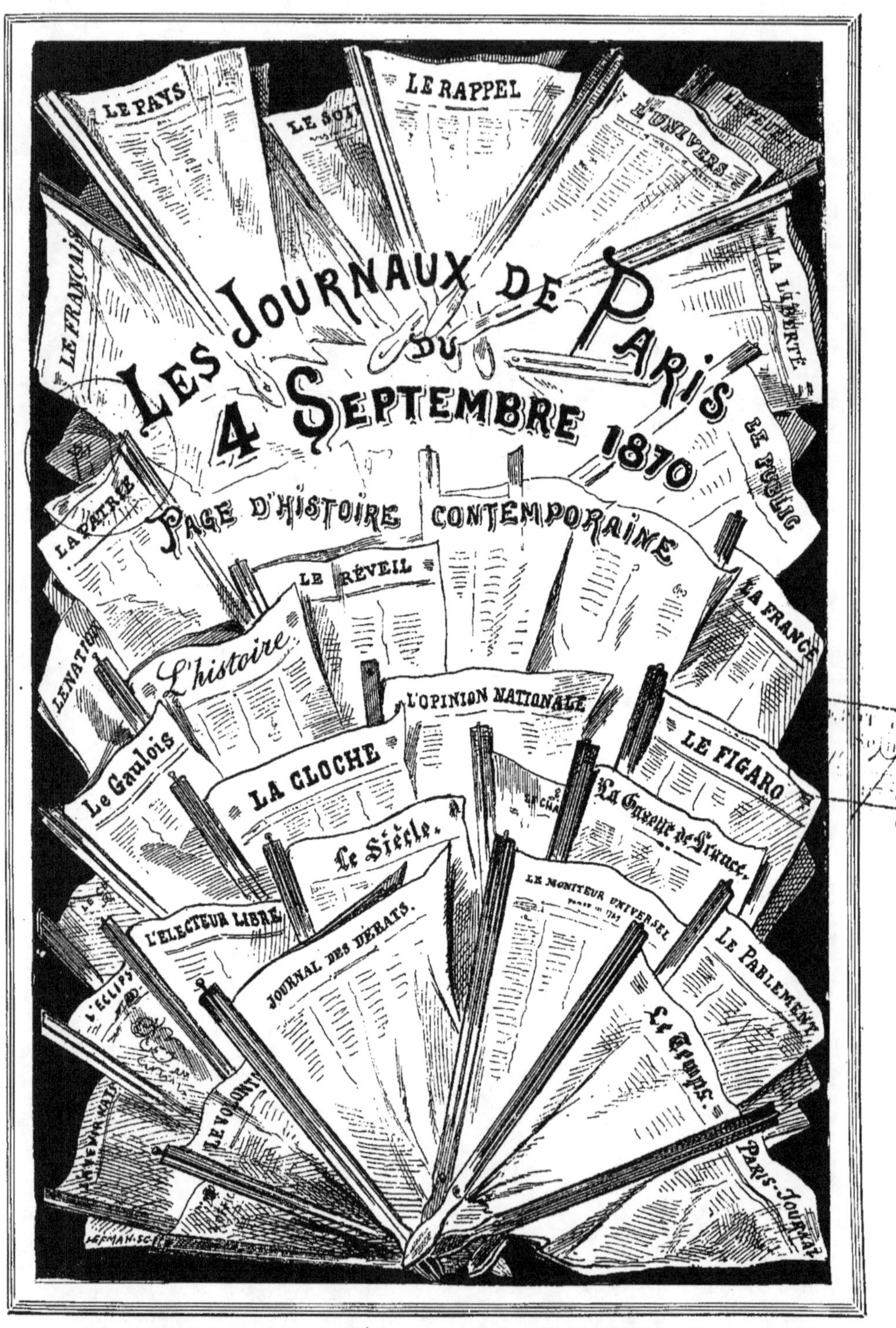

A LA LIBRAIRIE ILLUSTRÉE, 16, RUE DU CROISSANT, A PARIS

AVERTISSEMENT

Ceci n'est pas une apologie. Encore moins un pamphlet. C'est un album.

Nous n'avons pas plus la ridicule prétention de préconiser des principes reconnus, respectés de tous et établis officiellement sur notre pays, que d'interpréter les *satisfecit* que leur ont distribués, à leur avénement, les écrivains des nuances les plus variées.

Nous faisons tout simplement acte de collectionneur.

Ayant conservé un exemplaire de tous les grands journaux édités à Paris, au lendemain de la proclamation de la troisième République, nous avons eu l'idée d'en publier les passages les plus saillants, dans l'espérance qu'il serait agréable au public, qui oublie si vite, bien qu'il aime parfois à se souvenir, de trouver sous ses yeux, réunies en une seule plaquette, des feuilles volantes d'une authenticité absolue, d'une date célèbre et d'une signification si étendue qu'elles sont quelque chose comme le thermomètre de l'opinion publique.

Nous les publions telles quelles, sans classification, sans commentaires, sans notes, sans préface, ce qui nous est d'autant plus facile que chaque page est une promesse, ou une espérance, quand elle n'est pas la relation d'un fait accompli.

Le lecteur fera la part de l'état de fièvre qui était alors en permanence, s'il veut compter exactement les pulsations politiques du pays.

Nous n'en aurons pas moins atteint notre but en lui donnant une page d'histoire contemporaine, de cette histoire qui, sans préparation, sans fard, se montre toute à tous, écrite sous vingt aspects différents, comme elle est, au jour le jour, ou, dans l'acception la plus étroite du mot, à l'heure l'heure, et par cela même s'affirmant d'autant plus, mais n'assumant sur ceux qui tiennent la plume qu'une responsabilité assez vague.

Le journal, reflet de l'opinion, bien qu'il élève souvent la prétention d'en être le précurseur, le journal étant de nos jours aussi exactement la parole écrite que la parole est le journal pensé, on a le droit d'invoquer en sa faveur le fameux *verba volant;* car le *scripta manent* a toujours passé par dessus la tête des journalistes.

Ceci soit dit sans épigramme; car nous n'avons pas plus l'intention de faire présenter le flanc à la presse, que de plaider les circonstances atténuantes en faveur des journalistes qui ont bec et ongles pour se défendre, esprit et talent pour se venger.

Encore une fois, nous le disons, nous n'avons voulu que classer le plus méthodiquement possible des notes authentiques, des souvenirs historiques, des documents originaux, dont la consultation est utile autant qu'amusante, instructive autant que curieuse.

Nous l'avons fait sans arrière-pensée comme sans prétention.

Et si la chose ne nous paraissait pas hors de proportion avec la plaquette que nous offrons aux lecteurs, nous mettrions notre travail sous l'invocation de a phrase de Montaigne :

« *Ceci est un livre de bonne foy.* »

Un Collectionneur.

JOURNAL OFFICIEL

DE LA RÉPUBLIQUE FRANÇAISE

Paris, le 4 septembre.

FRANÇAIS !

Le peuple a devancé la Chambre, qui hésitait. Pour sauver la Patrie en danger, il a demandé la République.

Il a mis ses représentants non au pouvoir, mais au péril.

La République a vaincu l'invasion en 1792 ; la République est proclamée.

La Révolution est faite au nom du droit, du salut public.

Citoyens, veillez sur la cité qui vous est confiée ; demain, vous serez, avec l'armée, les vengeurs de la Patrie !

EMMANUEL ARAGO,	GARNIER-PAGÈS,
CRÉMIEUX,	MAGNIN,
DORIAN,	ORDINAIRE,
JULES FAVRE,	A. TACHARD,
JULES FERRY,	E. PELLETAN,
GUYOT-MONTPAYROUX,	ERNEST PICARD,
LÉON GAMBETTA.	JULES SIMON.

CITOYENS DE PARIS,

La République est proclamée.

Un Gouvernement est nommé d'acclamation.

Il se compose des citoyens :

EMMANUEL ARAGO,	GLAIS-BIZOIN,
CRÉMIEUX,	PELLETAN,
JULES FAVRE,	PICARD,
JULES FERRY,	ROCHEFORT,
GAMBETTA,	JULES SIMON.
GARNIER-PAGÈS.	

Représentants de Paris.

Le général TROCHU est chargé des pleins pouvoirs militaires pour la défense nationale.

Il est appelé à la présidence du Gouvernement.

Le Gouvernement invite les Citoyens au calme ; le Peuple n'oubliera pas qu'il est en face de l'ennemi.

Le Gouvernement est, avant tout, un Gouvernement de défense nationale.

Le Gouvernement de la défense nationale a composé le ministère comme il suit :

JULES FAVRE, ministre des affaires étrangères.

GAMBETTA, ministre de l'intérieur.

Général LEFLO, ministre de la guerre.

Amiral FOURICHON, ministre de la marine.

CRÉMIEUX, ministre de la justice.

ERNEST PICARD, ministre des finances.

JULES SIMON, ministre de l'instruction publique et des cultes.

DORIAN, ministre des travaux publics.

MAGNIN, ministre de l'agriculture et du commerce.

Le ministère de la présidence du Conseil d'Etat est supprimé.

M. Steenackers est nommé directeur des télégraphes.

MINISTÈRE DE L'INTÉRIEUR

A MM. les préfets, sous-préfets, généraux, gouverneur général de l'Algérie, et à toutes les stations télégraphiques de France.

La déchéance a été prononcée au Corps législatif.

La République a été proclamée à l'Hôtel-de-Ville.

Un gouvernement de défense nationale composé de onze membres, tous députés de Paris, a été constitué et ratifié par l'acclamation populaire.

Le général TROCHU, investi des pleins pouvoirs militaires pour la défense nationale, a été appelé à la présidence du Gouvernement.

Veuillez faire afficher immédiatement et au besoin proclamer par le crieur public la présente déclaration.

Pour le gouvernement de la défense nationale,

Le ministre de l'intérieur,

LÉON GAMBETTA.

Paris, ce 4 septembre 1870, six heures du soir.

Le Gouvernement de la défense nationale décrète :

Le Corps législatif est dissous.

Le Sénat est aboli.

Le Gouvernement de la défense nationale décrète :

La fabrication, le commerce et la vente des armes sont absolument libres.

M. Étienne Arago est nommé maire de Paris.

MM. Floquet et Brisson sont ses adjoints.

M. Clément Laurier est nommé directeur général du personnel et du cabinet au ministère de l'intérieur.

MARDI 6 SEPTEMBRE 1870.

L'AVENIR NATIONAL

PARIS, 5 SEPTEMBRE

—

Quelle journée que la journée du 4 septembre 1870 ! Ce que nous avons vu hier ne s'était jamais vu, ne se reverra pas : un régime forgé, comme tous les grands crimes, dans les ténèbres de la nuit, qui s'abîme dans la honte ; . . . .

. . . .

Quelle victoire morale, que cette journée de Paris ! Elle nous consolerait de la journée de Sedan, si jamais quelque chose pouvait nous consoler d'un tel désastre.

La République ! nous avions fini par croire que nous mourrions sous l'empire. Quel bonheur de le voir tomber, mais quelle tristesse de penser que nous l'avons subi pendant dix-huit ans.

La République ! nous avions désespéré de la revoir : nous la revoyons ! quelle joie ! Mais, aussi, quelle anxiété en songeant à la crise au milieu de laquelle elle nous revient et qu'elle doit surmonter. Elle la surmontera si nous faisons tous notre devoir car, le gouvernement provisoire, nous n'en doutons pas, fera le sien.

Le gouvernement provisoire a pris le seul titre qu'il pût, qu'il dût prendre, un titre qui résume à la fois la gravité de sa mission et la grandeur de nos périls, la profondeur de l'abîme où la France est laissée par cet empire fatal et à jamais maudit, il s'appelle le « gouver- « nement de la défense na- « tionale. »

Serrons-nous donc autour de ce gouvernement : qu'il compte sur nous, comme nous comptons sur lui. Il aura le concours de tous, mais à une condition, c'est qu'il sache faire exécuter ses décisions, respecter son autorité et maintenir l'ordre.

L'ordre ! l'ordre ! Hier, il a été admirable, il l'est encore aujourd'hui. . . . .

. . . .

Les traits principaux du caractère de la République proclamée hier sont sa nécessité, sa popularité, la grandeur et la simplicité de sa mission immédiate . . . . .

. . . . , . . .

La République sera donc le salut, mais encore un coup, à une condition, c'est que l'ordre ne sera pas troublé, c'est que le gouvernement, encouragé, soutenu par le concours de tous, pourra se consacrer entière-

ment à la défense nationale.

N'ayons, tous tant que nous sommes, qu'un sentiment, qu'un but, le salut de la France. Relevons notre drapeau, vengeons l'honneur de nos armes, compromis par l'empire.

Dans la position où nous sommes, il n'y a de honte que pour l'empire, pour l'empire seul. L'honneur de la France est intact ; l'héroïsme de nos soldats nous relève aux yeux de l'Europe, nous console et nous fortifie dans cette épreuve suprême.

Avec l'empire, la France est tombée à un degré de honte et d'humiliation, sans exemple aux plus tristes jours de notre histoire. Avec la France rendue à elle-même, à ses instincts, à sa dignité, rien n'est perdu, tout peut se réparer.

Comme nos pères, il y a soixante-dix-huit ans, marchons aux Prussiens au cri de : *Vive la République !* La France, en 92, avait moins de ressources et une position plus désespérée qu'aujourd'hui : elle fut sauvée par la République ; elle le sera encore si chacun fait son devoir.

A. PEYRAT

———

LA CLOCHE

LA RÉPUBLIQUE EST PROCLAMÉE !

Elle est rentrée, le front haut, triomphante, sous un soleil radieux, dans ce palais d'où elle avait été chassée la nuit par des bandits.

Elle est rentrée par ce grand escalier au haut duquel, en 1848, elle a été présentée au peuple assemblé.

Elle est rentrée magnanime, sans effusion de sang, sans autre violence que des carreaux cassés.

Maintenant que le peuple l'a vue, et a communié avec elle sous ce beau soleil de printemps, revenu pour son retour, qu'il l'embrasse, qu'il lui demande la force de vaincre ou de mourir, et qu'il coure à l'ennemi ?

L'empire est parti ; mais les Prussiens sont encore en France.

C'est cette plaie-là qu'il faut guérir maintenant.

La Rédaction de la Cloche.

Paris, le 4 Septembre

—

La *Cloche*, muette pendant dix-huit jours, reparaît à l'heure suprême où la patrie a besoin d'un tocsin d'alarme.

Elle le sonnera énergiquement ; et jusqu'à ce que l'étranger ait quitté le sol de la France, elle ne cessera d'appeler aux armes tout ce peuple-soldat que l'empire retenait, au lieu de le précipiter.

*
* *

Nous sommes trop touchés de nos désastres pour jouir de la réalité de nos prévisions et du retour si attendu de la République !

Nous immolons notre orgueil à notre douleur.

Mais il nous sera permis de dire que nous avions raison de confondre la dynastie avec les dangers du pays et d'assurer que, tant que la dynastie serait debout, la France serait humiliée.

L'abîme creusé par l'impéritie du pouvoir doit se combler avec les débris du trône. L'empereur captif rend la patrie libre !

*
* *

Arrière donc maintenant ces réticences, ces demi-précautions, ces armements incomplets, tout ce faux patriotisme des pouvoirs personnels !

Arrière ces menteurs, vendus ou complaisants, qui, dans le silence de la presse démocratique, nous annonçaient tous les jours des victoires et perdaient les heures sacrées de la défense à demander les égorgements intérieurs, à exciter les haines, à calomnier, à fabriquer de fausses dépêches, à endormir la vigilance, à préparer l'abîme où la France a trébuché !

*
* *

En avant les patriotes !

Qu'on ne nous accuse pas d'avoir profité d'un désastre public pour planter notre drapeau sur les cadavres français.

Il n'y a plus qu'une foi, la haine de l'ennemi ?

Il n'y a plus qu'un but, la délivrance de la patrie !

La place vide laissée par l'empire est une déchirure sanglante qu'il faut panser et recoudre, avant de nous réjouir !

C'est la France qui doit sauver la France : expulsons l'ennemi !

Nous laverons ensuite le sang et la boue de nos remparts pour que la République y triomphe sans tache.

Jusque-là, défions-nous, veillons, et aux armes !

LOUIS ULBACH.

LE MONITEUR UNIVERSEL

Gazette Nationale fondée en 1789

Nous nous sommes bornés hier à mentionner les faits. Nous ferons de même aujourd'hui.

A l'enthousiasme qui, à la première nouvelle de la formation d'un Gouvernement provisoire chargé de la défense nationale, s'était emparé, ainsi que nous l'avons constaté, de la population, a succédé un calme absolu.

Hier soir ont été connus les noms des membres du Gouvernement provisoire qui s'était établi à trois heures à l'Hôtel-de-Ville et a proclamé la République.

Pour nous, nous ne pouvons penser qu'à une chose : c'est que l'ennemi est à nos portes.

Vive la France!

PAUL DALLOZ.

———

Le salut de la patrie avant tout. Que les hommes qui ont accepté dans ces graves circonstances la responsabilité du pouvoir, prennent les mesures intelligentes, promptes, énergiques qui peuvent tirer la France du grand danger où elle se trouve, et notre bonne volonté, notre appui ne leur manqueront pas. Notre mot d'ordre est plus que jamais : union de tous les citoyens en face de l'ennemi. Réorganiser le plus rapidement possible l'armée dispersée, détruite ou prisonnière, assurer l'ordre intérieur dans Paris, établir entre cette grande ville et le reste de la France un accord intime, donner à la défense nationale une attitude imposante qui permette de traiter honorablement ou de repousser l'ennemi, tel est la tâche immense qui est imposée aux membres du Gouvernement provisoire, et il faut qu'ils la remplissent en quelques jours. Qui pourrait leur refuser son concours pour cette œuvre nationale? le nôtre leur est acquis. Il ne peut plus être question de dissidences politiques lorsque la patrie est en danger et qu'il s'agit de la sauver.

LÉO JOUBERT.

———

Le Corps législatif a cessé d'exister, mais justice sera rendue par l'histoire à son président, qui, dans la journée d'hier, a fait tout ce que réclamait la liberté, en maintenant jusqu'au bout le calme dans les délibérations et en ne quittant le fauteuil que quand les députés se sont retirés de la salle de leurs séances. En cette mémorable circonstance, M. Schneider a été jusqu'au bout le digne représentant du parti libéral.

E. BAUER.

———

Bruxelles, 4 sept., 7 h. 20 du s.

On télégraphie de Berlin la dépêche suivante envoyée par le roi de Prusse à la reine de Prusse, en date de Varennes, 4 septembre, 8 heures du matin :

« Quel moment saisissant que celui où j'ai rencontré Napoléon! Je lui ai donné pour résidence le château de Wilhelmshœne, près de Cassel. Notre rencontre a eu lieu dans un petit château situé devant le glacis de Sedan. J'ai passé mon armée en revue. Vous pouvez vous imaginer l'accueil des troupes. Il est indescriptible. A la chute du jour, la revue était finie, mais je ne suis rentré qu'à une heure. »

LE RÉVEIL

JOURNAL DE LA DÉMOCRATIE DES DEUX MONDES

Paraissant tous les jours

AUX ARMÉES DU RHIN
Et de la Meuse

—

La France se doit à elle-même de proclamer avec attendrissement et reconnaissance l'indomptable courage de nos braves armées. Leur conduite dans cette guerre funeste a dépassé tout ce qu'on pouvait en attendre. Mal commandés souvent, trahis peut-être, nos soldats ont déployé une vaillance qui a pu être égalée, mais qui n'a jamais été surpassée.

Citoyens soldats, vous avez bien mérité de la patrie; et la France est fière de vous, la France vous remercie!

CH. DELESCLUZE

LA RÉHABILITATION

—

Son heure est enfin venue. Il y a, entre décembre 1851 et l'instant où nous sommes, un lien sinistre qui peut conduire la France aux grandes choses, aux dévouements sublimes.

Il faut que la cendre des hommes de la Révolution en tressaille dans la tombe.

Nous avons souffert tout ce qu'un peuple peut souffrir.

Un bandeau sur les yeux et le pistolet sous la gorge, nous avons ratifié les mitraillades du boulevard Montmartre, les déportations, les concussions, les fortunes insolentes faites au dépens du travail, les détentions arbitraires, la violation du foyer domestique.

La réhabilitation doit s'élever aussi haut que la montagne de honte qui a pesé sur la France.

Voici enfin la déchéance!

Comme au temps de nos glorieux pères, en attendant l'heure de la justice, qu'on sonne le tocsin dans toutes les communes, que les femmes et les enfants fabriquent des cartouches.

Tous les hommes à l'ennemi.

Vive la France! Vive la République.

ACHILLE MERCIER.

PROCLAMATION
Du Conseil des Ministres

AU PEUPLE FRANÇAIS

—

Un grand malheur frappe la patrie. Après trois jours de lutte héroïque soutenue par l'armée du maréchal Mac-Mahon, contre 300.000 ennemis, 40.000 hommes ont été faits prisonniers.

Le général Wimpffen, qui avait pris le commandement de l'armée en remplacement du maréchal Mac-Mahon, grièvement blessé, a signé une capitulation.

Ce cruel revers n'ébranle pas notre courage.

Paris est aujourd'hui en état de défense.

Les forces militaires s'organisent, avant peu de jours une armée nouvelle sera sous les murs de Paris : une autre armée se forme sur les rives de la Loire.

Votre patriotisme, votre union, votre énergie sauveront la France.

L'empereur a été fait prisonnier.

Le gouvernement, d'accord avec les pouvoirs publics, prend toutes les mesures que comporte la gravité des événements.

Le conseil des ministres :
Comte de Palikao.
Prince de la Tour d'Auvergne.
Rigault de Genouilly.
Henry Chevreau.
Jérôme David.
Grandperret.
Clément Duvernois.
Magne.
Brame.
Busson-Billault.

LE FIGARO

Rédacteur en chef :
H. DE VILLEMESSANT

Administrateur :
AUGUSTE DUMONT

LA RÉVOLUTION

DU 4 SEPTEMBRE 1870

—

Paris a accompli hier une révolution, sans qu'un coup de fusil ait été tiré, sans qu'une goutte de sang ait été répandue.

L'empire a cessé d'exister.

La République a été proclamée.

Elle a pris le titre de GOUVERNEMENT DE DÉFENSE NATIONALE, et ce titre suffit à lui rallier, sans distinction d'opinions, toutes les classes de citoyens.

Quelle que fût la forme du gouvernement appelé à succéder à l'empire, il fallait un pouvoir nouveau pour faire face à l'ennemi qui a envahi notre territoire, qui a déjà détruit deux de nos armées, et qui s'avance vers Paris.

La catastrophe à laquelle nous assistons est sans exemple dans l'histoire des temps.

En trois semaines, par la conséquence fatale des fautes accumulées par ceux qui étaient chargés des destinées de ce pays, la France a été livrée à toutes les horreurs de la guerre et mise au bord d'un abîme.

En quinze heures, un trône fondé, depuis 19 ans, s'est écroulé ; l'édifice, dont l'invasion étrangère a été le couronnement, s'est effondré comme une masse fragile et friable, dont les dehors sont brillants et l'intérieur fait de cendres.

Chute inouïe dans les annales du passé, et qui a frappé de stupeur tous les hommes qui vivaient d'illusions trompeuses et de funestes chimères.

Cela ne s'est jamais vu, en effet.

La révolution qui substitue la République à l'Empire a été faite par l'élément essentiellement conservateur de Paris, par la bourgeoisie armée, c'est-à-dire par la garde nationale. Elle a voulu et autorisé l'envahissement du Corps législatif, qui a fait passer avant les résolutions du parlement la volonté du peuple de créer spontanément un gouvernement capable de sauver la France.

Dans cette entreprise virile, faite avec calme et résolution, la garde nationale a eu pour auxiliaires les corps francs de volontaires et l'armée elle-même. Tous les soldats qui étaient debout ont levé la crosse de leur fusil pour laisser accomplir l'œuvre indispensable de la justice nationale.

De fait, la France n'avait plus de gouvernement. L'Empereur Napoléon III avait rendu son épée à la Prusse, sur le sol même de la patrie. L'Impératrice avait quitté Paris.

Qui donc pouvait s'emparer de la situation, se mettre à la tête du peuple et chasser l'étranger, en maintenant l'ordre public et la sécurité sociale.

Était-ce le Corps législatif ? Était-ce le Sénat ?

Il n'est pas besoin d'examiner longuement cette hypothèse pour se convaincre que le régime des deux assemblées ou de l'une d'elles n'eût enfanté que l'anarchie.

Ce qui devait être institué, c'était un gouvernement composé d'hommes honorables, fermes, résolus, prêts à tous les sacrifices, pour assurer le salut du pays.

Nous n'avons pas à mettre en parallèle, aujourd'hui, les avantages ou les inconvénients d'une monarchie ou d'une république. Peu importe le nom, c'est un gouvernement qu'il nous faut.

La France n'a pas le temps de délibérer.

A l'heure actuelle, elle veut se lever en masse, elle réclame des fusils et des munitions, elle est déterminée à verser jusqu'à la dernière goutte de son sang pour exterminer l'ennemi, reconquérir son indépendance et rétablir son honneur.

Le gouvernement — quel que soit son nom — qui conduira la France à la délivrance aura éternellement mérité de la patrie.

EDMOND MAGNIER.

Le Gaulois

Edmond TARBÉ, Directeur Gérant

Un gouvernement provisoire s'est nommé hier qui assume toutes les terribles responsabilités de la situation.

On vient de lire le nom des hommes dont ce gouvernement se compose ; pour prendre, dans de semblables conditions, la conduite des affaires, il faut sans doute un bien grand patriotisme dont le pays devra tenir compte aux membres du gouvernement provisoire.

Le général Trochu est un des hommes qui peuvent inspirer le plus de confiance à la nation ; les puissances étrangères verront en lui la personnification loyale de notre vaillante armée.

Nous prêterons donc à M. le général Trochu et à la défense nationale le concours le plus dévoué et le plus patriotique.

EDMOND TARBÉ.

LA JOURNÉE

—

Deux heures. — La place de l'Hôtel-de-Ville est pleine d'une foule agitée des sentiments les plus divers.

Des cris partent des groupes : Vive la France ! Vive Trochu ! Vive la République !

Le 53e bataillon de la garde nationale défile tambours en tête, commandant à cheval.

Les gardes nationaux ont les costumes les plus divers.

Derrière marche en rang une foule nombreuse qui chante la *Marseillaise*.

**

Ce matin, à neuf heures, à la caserne des douaniers, à la barrière Fontainebleau un sergent du 99e de ligne lisait les nouvelles à ses hommes.

Tout à coup il s'arrête, et d'une voix grave :

— L'empereur est fait prisonnier...

Otant son képi, il ajoute :

— Tant mieux !...

Et toute la bande se découvrant :

— Tant mieux !..,

Il continue :

— Mac-Mahon est grièvement blessé.

— Tant pis !...

Tous :

— Tant pis !

**

Trois heures. — Les zouaves arrachent les aigles de la caserne Napoléon aux acclamations de la foule.

Trois heures et demie. — Le drapeau ne flotte plus sur les Tuileries.

Sur tout le parcours de la rue Rivoli le peuple fait enlever les armes de l'empire.

**

Quatre heures. — La place du Carrousel, la cour des Tuileries, le jardin, regorgent de monde,

Dans la cour, sur une porte, on lit : *Mort aux voleurs ! Respect à la propriété !*

—

LA SOIRÉE

—

Les boulevards offrent le spectacle du calme absolu.

Paris se repose déjà de sa victoire.

Mais il ne faut pas que sa trêve soit longue. Un grand peuple comme la France fait ses affaires résolûment, mais sans faiblesse, sans temps perdu. Demain, songeons que l'ennemi aura fait encore un pas de plus vers Paris.

Le prix des heures est inestimable. Aux armes, aux armes, de toutes parts !

L'empire n'est plus. Sauvons la France !

LÉON GUILLET.

LES FAUBOURGS

—

De 8 heures à minuit.

L'aspect des quartiers faubouriens est des plus animés.

Quartier Latin. — Bullier fermé. Tous les cafés du boulevard Saint-Michel remplis de monde. Enthousiasme, vivats, discours.

PAUL BIZET.

L'OPINION NATIONALE

PARIS, 5 SEPTEMBRE

—

LA RÉPUBLIQUE

—

Hier, sans douleur et sans secousses, comme un fruit trop mûr se détache sous le moindre effort, le gouvernement impérial s'est effondré.

Il a été remplacé par la République.

Nous aurions peut-être quelque chose à dire sur la façon passablement irrégulière dont elle est subitement venue au monde, sur la nécessité de soumettre les résolutions de Paris à la ratification de la province, et de ne pas recommencer les fautes de 1848. Mais il ne peut être question de tout cela en ce moment.

Aujourd'hui comme hier, il s'agit de l'expulsion des Prussiens, il s'agit de la défense nationale, il s'agit surtout de ne pas perdre une minute.

Nous sommes heureux de proclamer ici que le gouvernement provisoire semble avoir compris à merveille toutes les exigences de la situation actuelle. Formé de toutes les nuances républicaines, sans exception, il a nommé un ministère où la prépondérance est acquise à l'élément militaire.

Les portefeuilles de la guerre, de la marine, la défense de Paris, sont confiés à des hommes d'une capacité éprouvée.

Nous espérons bien aussi qu'on utilisera les grands talents militaires et administratifs de M. le général de Palikao. Le maréchal Bazaine et lui sont considérés en Europe comme les deux hommes les plus remarquables de France. Ce serait une faute et une faute grave que de se priver de ses services dans un pareil moment. Et maintenant, à l'œuvre tout le monde, sans distinction de partis et de nuances politiques !

La jeune République, hérite d'un lourd passé de fautes et de revers; à peine née, elle se trouve aux prises avec les difficultés les plus graves. Il lui faut en quelques jours réorganiser la défense nationale, et soutenir un siége contre une armée formidable, enivrée de ses succès antérieurs.

N'importe ! rien n'est ou ne doit être impossible à la France une et unie dans un enthousiasme commun pour la patrie et la liberté. Si Paris succombe dans une lutte inégale, l'ennemi devra faire le siége de chaque pouce de territoire avant que nous nous déclarions vaincus.

Tant qu'il restera une chaumière française, un cœur français, un fusil français, la partie ne sera pas perdue, et si le sort devait enfin définitivement tourner contre nous, la France pourrait dire avec un de ses anciens rois : Tout est perdu, fors l'honneur !

Car elle aurait combattu pour l'indépendance nationale, et, ce qui est plus précieux encore, pour la grande cause de la démocratie et de la liberté universelles !

GEORGES GUÉROULT.

———

La Gazette de France.

PARIS, 5 SEPTEMBRE

—

Nous avons eu le 2 décembre, nous avons le 4 *septembre :* nous ne sortons pas en France des violences et des usurpations.

Du gouvernement ultra-bonapartiste de Jérôme David et Clément Duvernois, nous voici arrivés d'un bond au gouvernement ultra rouge de Rochefort et Arago !

Décidément, M. de Bismark a du bonheur.

C'est au moment où la France entière doit repousser l'invasion, où, par conséquent, il ne faut laisser place qu'à un sentiment, celui qui nous porte à marcher contre l'ennemi, qu'un parti s'empare du pouvoir, sans mandat, sans délégation.

Voilà où nous en sommes quand les Prussiens sont à quelques journées de la capitale de la France, après avoir envahi onze départements !

Il faut avoir assisté, comme nous, aux diverses péripéties de cette aventure, pour comprendre combien la majorité a été coupable, et pour apprécier jusqu'où a été sa faiblesse dans cette journée. Elle s'est montrée aussi complaisante pour l'émeute qu'elle s'était montrée docile pour le pouvoir impérial.

Décidément, quand un pays n'a pas sa vraie représentation, il est livré à tous les hasards des ambitions et des partis.

Une représentation nationale, voilà notre espérance.

. . . .

. . . .

Nous attendons ce jour avec confiance ; et c'est pour cela que nous demandons à tous les conservateurs, à tous les hommes d'ordre et de liberté, nos amis, à tous les Français, de faire un effort d'esprit sérieux pour essayer d'oublier le gouvernement provisoire du 4 *septembre,* pour ne penser qu'à la patrie en danger, qu'à cette chère France accablée par tous les genres de calamités qui peuvent frapper un peuple.

Oui, ne pensons qu'aux ennemis extérieurs, qu'au danger que nous fait courir en ce moment la présence de huit cent mille Allemands sur notre territoire. Pour le reste, nous verrons après.

Heureusement le cabinet possède d'excellents éléments. M. le général Trochu a accepté la présidence du cabinet et le gouvernement militaire de Paris. Il représente dans sa plus haute expression l'honneur de notre héroïque armée.

M. le général le Flô est un bon choix ; il a donné depuis longtemps des preuves de ses talents militaires et de la trempe de son caractère M. le vice-amiral Fourichon est un homme d'un grand talent, d'un jugement sûr et d'une énergie rare.

Toute la partie militaire est donc bonne, et la présidence du général Trochu offre toute garantie pendant la crise que nous traversons.

Quant aux autres ministres, nous ne saurions trop qu'en dire . . . .

. . . .

Maintenant, n'oublions plus que les Prussiens sont à nos portes . . . . . .

. . . .

Mais, nous le répétons, en ce moment ne pensons qu'à l'organisation de la défense.

S'ils pouvaient nous donner ce qui nous manque, il est certain qu'on leur pardonnerait bien des choses. Nous allons les voir à l'œuvre. Qu'ils n'oublient pas seulement que chacun de leurs actes a, dans les circonstances actuelles, une portée exceptionnelle.

GUSTAVE JANICOT.

L'ÉLECTEUR LIBRE

JOURNAL POLITIQUE QUOTIDIEN

Paris, 4 Septembre

—

Quarante mille Français ont été faits prisonniers ! Le général Wimpffen a capitulé : à ces terribles nouvelles, Paris s'est levé criant vengeance. Les gardes nationaux réunis spontanément marchent sur la place de la Concorde aux cris de : « La déchéance ! Vive la République ! »

Avant de nous jeter à la tête des Prussiens, nous avons voulu en finir avec le régime qui nous a perdu : montrons-nous froidement implacables, sans cris, sans violence.

La garde nationale a été admirable de modération ; que tous les bons citoyens l'imitent ! Arrière les intrigants et les faiseurs : à dater d'aujourd'hui le gouvernement appartient aux honnêtes gens : qu'ils le gardent !

Encore une fois, la garde nationale a bien mérité de la patrie.

A. ÉDOUARD PORTALIS.

———

Aujourd'hui que la République est proclamée, notre unique souci doit être de purger le territoire de l'ennemi qui l'occupe. Déjà le patriotisme renaît de toutes parts. Le gouvernement acclamé par le peuple de Paris peut compter sur le concours de tous les citoyens.

Combattant au nom de la liberté, nous serons invincibles ; à défaut des arsenaux, l'industrie privée nous fournira des armes.

Quant à l'ordre, le patriotisme des gardes nationaux nous est garant qu'il ne sera point troublé. Le salut de la République est entre leurs mains, ils ne l'oublieront pas, il nous fourniront la preuve tant désirée que les citoyens ne sauraient être mieux gardés, mieux défendus que par eux-mêmes.

A. ÉDOUARD PORTALIS.

———

CHRONIQUE

—

L'enthousiasme remplit tous les esprits, la joie déborde de tous les cœurs. Pourquoi faut-il qu'avec l'auteur de tous nos maux ne disparaissent pas tous nos malheurs !

L'ennemi s'avance toujours sur nos remparts, ne l'oublions pas ; nous ne l'oublierons pas, mais pour un jour faisons trêve avec nos angoisses ; demain, réconfortés par la conquête de nos libertés intérieures, nous reviendrons aux affaires graves, nous y consacrerons toutes nos facultés, toutes nos minutes ; nous montrerons aux envahisseurs de notre sol qu'un peuple, après avoir secoué le joug d'un tyran, ne saurait tendre le cou aux chaînes de l'étranger.

Victoire et liberté vont toujours se tenant unies : ayant recouvré l'une, l'autre ne saurait nous échapper.

— Maintenant nous combattons *pro aris et focis*. Les intrigues d'un parti si longtemps funeste au pays, les lâches manœuvres ourdies dans l'intérêt d'une dynastie ne sont plus à redouter. Debout donc ! reformons nos cohortes décimées, et sans regarder en arrière, précipitons-nous sur les Prussiens !

CH. BURAY.

———

LE SOIR

Paris, 4 Septembre 1870

—

La France connaît à cette heure l'étendue du malheur qui la frappe. Il est immense. Il n'est cependant pas au-dessus du courage et de la résolution des Français, et la gravité même du désastre a dicté au pays les résolutions qu'il doit prendre.

On luttera jusqu'au dernier grain de poudre, jusqu'au dernier morceau de plomb.

L'Europe se fait illusion en pensant que la guerre touche à sa fin.

La guerre commence. La paix ne sera possible que le jour où le dernier Prussien aura repassé la frontière ; et nos ennemis le savent si bien, ils sont si convaincus que la France ne se résignerait pas à un amoindrissement quelconque, qu'ils veulent nous mettre hors d'état de tenter à jamais une revanche.

La Prusse veut l'Alsace et la Lorraine ;

Elle veut notre flotte ;

Elle veut des milliards.

A ces conditions, disent les journaux étrangers, le roi Guillaume prêterait l'oreille à des propositions d'arrangement. Il ne veut pas d'une paix qui ne serait pour la France qu'une préparation à la lutte. Il veut que ses soldats aient libre accès chez nous. Il veut que nous soyons ruinés, sans marine, sans armée, sans frontière.

La France veut écraser l'ennemi, le chasser et, pour parler de paix, choisir l'heure où, affranchie, elle aura rejeté au loin les bourreaux de Strasbourg et les massacreurs de l'Alsace et de la Lorraine.

H. Pessard.

CE QUI SE DIT

—

L'horrible vérité sur notre désastre de Sedan n'était qu'à demi connue lorsqu'un cri s'est fait entendre, qui s'est répercuté de toutes parts :

LA DÉCHÉANCE ! LA DÉCHÉANCE !

.·.

Il a été poussé devant le Corps Législatif, devant les Tuileries, devant le Louvre, sous les fenêtres du général Trochu, et enfin, sur les boulevards.

Trois ou quatre mille voix, dans un ensemble formidable, ont entonné l'arrêt qui frappe un gouvernement devenu impossible :

LA DÉCHÉANCE ! LA DÉCHÉANCE !

Sur le parcours du peuple, aucune protestation contre ce cri, si ce n'est du fait de quelques sergents de ville rassemblés dans un poste du boulevard Bonne-Nouvelle.

.·.

Au Louvre, le général Trochu s'est montré, et il a prononcé quelques nobles et dignes paroles que la foule a écoutées avec des marques visibles de respect.

Plusieurs journaux ont rapporté ces paroles de façons différentes.

En substance, le général a dit :

— Il est vrai qu'un désastre inouï dans l'histoire vient de frapper la France. Mais il ne faut point encore désespérer. Nous sommes là pour défendre Paris ; nous le défendrons, et si nous le sauvons, la France entière sera sauvée. Ne me parlez point de déchéance à moi qui n'ai nulle qualité pour vous répondre sur ce point, car je tiens mes pouvoirs de l'Empereur. Adressez-vous au Corps législatif qui est l'élu de la nation. C'est au Corps législatif de prononcer.

En attendant et quoi qu'il arrive, de la concorde entre vous, je vous en prie. Sans la concorde, tout est perdu.

Philippe Marsal.

LE PEUPLE FRANÇAIS

JOURNAL POLITIQUE QUOTIDIEN

PARIS, LUNDI 5 SEPTEMBRE 1870

—

LE PEUPLE FRANÇAIS

—

Le titre du *Peuple fran-çais* est à lui seul un pro-gramme. Ce programme, nous y avons toujours été fidèle et nous n'en dévierons pas.

L'indépendance, la gloire et la prospérité de la France, tel est le triple but vers le-quel convergent nos efforts.

L'indépendance nationale, nous la voulons entière, à l'intérieur comme à l'exté-rieur. A l'extérieur, c'est à nos armes, c'est à la réso-lution pratique du pays qu'il appartient de l'assurer. A l'intérieur, elle ne peut ré-sulter que d'institutions po-pulaires librement débat-tues, librement consentis par le suffrage universel.

C'est pourquoi nous di-rons franchement aux hom-mes qui, dans la journée du 4 septembre 1870, ont pris le pouvoir dans la rue, qu'il y a dans leurs proclamations et leurs décrets une chose que nous acceptons comme nécessité de salut public, c'est l'organisation d'un gouvernement de défense nationale ; et une chose con-tre laquelle nous faisons nos réserves les plus expresses jusqu'à la décision du Peu-ple souverain, c'est la pro-clamation de la Républi-que.

Il n'y a pas de Républi-que démocratique sans le libre fonctionnement du suf-frage universel et sans une représentation nationale. Les membres du ou des gouvernements provisoires, dont on lira plus loin les dé-clarations, ne peuvent pen-ser autrement que nous sur ce point fondamental de leurs doctrines politiques ; et nous devons supposer qu'ils se hâteront, autant que possible, de conformer leurs actes à leurs principes.

M. Thiers, dans la der-nière séance du Corps légis-latif, avait demandé la con-vocation d'une Assemblée constituante. Controversa-ble hier, cette proposition du seul député de la Seine qui n'ait pas été appelé dans les conseils de gouverne-ment, s'impose aujourd'hui comme urgente.

La réunion rapide d'une Assemblée nationale est la condition indispensable d'u-ne longue et sérieuse résis-tance contre l'ennemi. Une Assemblée nationale aura seule l'autorité nécessaire pour obtenir du pays des sa-crifices dont on ne saurait encore mesurer l'étendue.

AUGUSTE VITU.

Triste journée que celle d'hier, spectacle à serrer le cœur. On avait, le matin, l'affiche de nos désastres sous les yeux ; le soir, ceux-là dont les rancunes étaient satisfaites, dont le triomphe était arrivé, promenaient leur ivresse et leur joie par les boulevards.

Ils avaient l'insulte à la bouche pour l'homme tombé les armes à la main, pour la femme dont le cœur est at-testé par maintes fondations aux quartiers populaires.

On oublie tout en certains jours de fièvre.

HENRI NICOLLE.

JOURNAL DE PARIS

NATIONAL, POLITIQUE & LITTÉRAIRE

Paris, 5 septembre 1870

—

Le *Journal officiel* de la République française publie ce matin la proclamation adressée au peuple français par le gouvernement provisoire, et les noms des nouveaux ministres. Le général Trochu, investi des pleins pouvoirs pour la défense nationale, est appelé à la présidence du gouvernement. M. Étienne Arago est nommé maire de la capitale. Le Corps législatif est dissous et le Sénat aboli. Une amnistie pleine et entière est accordée à tous ceux qui ont été condamnés pour crimes et délits politiques et pour délits de presse depuis le 3 décembre 1851 jusqu'au 3 septembre 1870. Un décret accorde toutes libertés et franchises pour la fabrication, le commerce et la vente des armes. Tels sont les premiers actes du gouvernement qui a été acclamé hier, 4 septembre, à l'Hôtel-de-Ville de Paris. Nous ne doutons pas que la France entière n'accepte la révolution accomplie par la capitale. Le moment serait mal choisi pour discuter sur les formes de gouvernement, lorsque l'ennemi est à nos portes.

Dès hier, d'ailleurs, les grandes villes de France : Lyon, Marseille, Bordeaux, Grenoble ont acclamé la République. Si la Chambre des députés avait été à la hauteur des événements, elle aurait pu, avant-hier soir, après la déclaration du ministère de la guerre, elle aurait pu hier encore, au moment où MM. Jules Favre et Thiers ont déposé, sous des formes différentes, la proposition de déchéance, prendre en main les destinées de notre pays. Mais la Chambre a perdu du temps et a laissé ainsi échapper de ses mains la direction des événements. C'est l'acclamation populaire qui a désigné les membres du gouvernement et institué la République. Nous ne devons plus avoir d'autre pensée que de sauver la patrie. Paris, plein de confiance dans le patriotisme du gouvernement, dans les lumières et le courage du général Trochu, attend l'ennemi de pied ferme. La France entière se lèvera autour de nous et chassera l'ennemi de notre territoire.

Les graves événements qui se sont accomplis depuis vingt-quatre heures, ont empêché de donner à l'armée française, écrasée sous Sedan, le juste tribut d'éloge et d'admiration qu'elle mérite. On sait aujourd'hui comment s'est terminée cette lutte sanglante, qui a duré cinq jours. Le maréchal Mac-Mahon, malgré des prodiges de valeur, a plié sous le nombre. Quarante mille Français, exténués, sans munitions et sans vivres, ont capitulé dans Sedan. De son côté, le maréchal Bazaine a été rejeté sous les murs de Metz. Notre situation militaire est grave, on le voit ; les routes de Paris sont ouvertes à un ennemi victorieux qui, malgré ses pertes effroyables, doit avoir à cœur de ne pas nous laisser le temps de respirer. Hâtons-nous donc de faire nos derniers préparatifs pour supporter un siége et songeons que nos communications peuvent être interrompues d'un jour à l'autre avec une grande partie de la France. Le gouvernement, qui ne peut pas quitter Paris, doit prendre sans retard toutes les mesures nécessaires pour diriger les départements.

Le Gérant : ÉD. HERVÉ.

———

LE RAPPEL

La République est proclamée

—

L'empire est tombé. Enfin !

Il n'en reste rien. Un mouvement d'indignation populaire l'a emporté,

Le gouvernement infâme qui avait commencé par le massacre du peuple a fini avec le massacre de notre héroïque armée.

La République seule pouvait nous sauver. La France l'a compris : elle a proclamé la République.

Aujourd'hui, nous pouvons, comme nos pères, jurer de chasser l'étranger. Nous ne craignons plus de mourir pour une dynastie. Nous pouvons donner notre vie à la France !

Hier la Prusse avait devant elle une armée ; aujourd'hui, elle a devant elle un peuple !

Vive la République !
LA RÉDACTION DU RAPPEL.

————

Le préfet de police vient de faire afficher la proclamation suivante :

AUX HABITANTS DE PARIS

Après dix-huit ans d'attente, sous le coup de cruelles nécessités, les traditions interrompues au 18 brumaire et au 2 décembre sont enfin reprises. Les députés de la gauche, après la disparition de leurs collègues de la majorité, ont proclamé la déchéance. Quelques instants après, la République était acclamée à l'Hôtel-de-Ville.

La révolution qui vient de s'accomplir est restée toute pacifique ; elle a compris que le sang français ne devait couler que sur le champ de bataille. Elle a pour but, comme en 1792, l'expulsion de l'étranger.

Il importe donc que la population de Paris, par son calme, par la virilité de son attitude, continue de se montrer à la hauteur de la tâche qui lui incombe, à elle et à la France.

C'est pour cette raison qu'investi par le gouvernement provisoire de pouvoirs dont on a tant abusé sous les régimes antérieurs, j'invite la population parisienne à exercer les droits politiques qu'elle vient de reconquérir dans toute leur plénitude, avec une sagesse et une modération qui soient de nature à montrer à la France et au monde qu'elle est vraiment digne de la liberté.

Notre devoir à tous, dans les circonstances où nous sommes, est surtout de nous rappeler que la patrie est en danger.

Au moment où, sous l'égide des libertés républicaines, la France se dispose à vaincre ou à mourir, j'ai la certitude que mes pouvoirs ne me serviront que pour nous défendre contre les menées de ceux qui trahiraient la patrie.

Paris, 4 septembre 1870.
Le préfet de police,
Cte DE KÉRATRY.
Par le préfet de police :
Le secrétaire général,
Antonin DUBOST.

—

HOTEL DE VILLE DE PARIS

Citoyens,

Je viens d'être appelé par le peuple et par le gouvernement de la défense nationale à la mairie de Paris.

En attendant que vous soyez convoqués pour élire votre municipalité, je prends, au nom de la République, possession de cet Hôtel-de-Ville, d'où sont toujours partis les grands signaux patriotiques, en 1792, en 1830, en 1848.

Comme nos pères ont crié en 1792, je vous crie : Citoyens, LA PATRIE EST EN DANGER ! Serrez-vous autour de cette municipalité parisienne, où siége aujourd'hui un vieux soldat de la République.

VIVE LA RÉPUBLIQUE !
Le maire de Paris,
ÉTIENNE ARAGO.

PARIS-JOURNAL

LA RÉPUBLIQUE

—

Comme nous n'avons peur que de la honte, il n'y a dans la République rien qui nous effraye, nous surprenne ou nous éloigne.

La République, c'est l'apothéose du peuple !

Le peuple, c'est nous tous.

Le peuple signerait lui-même sa déchéance si, république ou monarchie, il ne faisait passer avant tout autre soin le devoir de la défense nationale.

Le meilleur gouvernement, à l'heure présente, c'est celui qui saura suivre la ligne la plus courte de la défaite à la victoire.

Si c'est la République, vive la République !

Voilà notre profession de foi.

Paris a pris hier une immense responsabilité. Pour la justifier, il faut un immense effort et une concorde patriotique à l'épreuve de tous les dangers.

La France entière est républicaine, si la République détourne de la France le fléau de l'invasion.

En ce qui concerne *Paris-Journal,* parmi les écrivains qui concourent à sa rédaction, les uns attendaient depuis dix-huit ans ce renouveau démocratique et n'avaient jamais voulu pactiser avec le gouvernement qui vient de succomber, alors même qu'il semblait avoir la gloire au dehors pour complice.

Les autres, indépendants aussi, mais moins absolus dans leurs croyances, ont pu rêver une réconciliation possible entre l'empire et la liberté.

Tous sont unanimes aujourd'hui pour la France contre la Prusse.

Tous veulent : un gouvernement régulier et ferme, libre et national, honnête et résolu, sans arrière-pensée de réaction démagogique ou dynastique.

C'est à ses actes seulement que l'on jugera le gouvernement qui s'est improvisé hier, et qui est né — triste berceau ! — du tumulte et de la défaite !

Sa tâche est rude. Nous l'aiderons de tout notre cœur à la remplir,

S'il simplifie au lieu de compliquer ;

S'il réunit au lieu de diviser ;

S'il se maintient dans le programme qu'implique le beau nom qu'il s'est heureusement choisi : le gouvernement de la défense nationale ;

S'il fait trembler l'ennemi et rassure les citoyens ;

S'il réserve les droits ultérieurs de la France, que Paris ne peut avoir la prétention de traîner à la remorque de ses caprices, et qui sera trop heureuse d'acclamer le gouvernement irrégulièrement sorti des entrailles de la nécessité ; si celui-ci fait sortir des armées de terre et arme le patriotisme.

Les circonstances sont plus graves d'heure en heure.

La conquête marche à pas de géant.

Nous ne demandons qu'à crier : Confiance ! Mais nous ne laisserons pas plus la France trébucher dans les langes de la République que dans le linceul de l'Empire.

H. DE PÈNE.

———

LE PUBLIC

JOURNAL DU SOIR, POLITIQUE ET QUOTIDIEN

PARIS, 5 SEPTEMBRE

A NOS LECTEURS

La France a aujourd'hui deux grandes douleurs.

Hier, elle n'en avait qu'une : l'invasion étrangère.

Aujourd'hui, elle a la violation flagrante, révolutionnaire, de ses droits souverains.

Nous ressentons ces deux douleurs, comme la France les ressentira elle-même, et, c'est avec l'accent de la plus profonde et de la plus patriotique indignation que nous protestons contre ce qui s'est fait hier.

Au mépris de toutes les lois,

En dehors de tous les pouvoirs réguliers,

Sans le concours de la représentation nationale,

C'est-à-dire : DANS LA RUE.

En présence de ces événements, nous croyons n'avoir qu'un devoir à remplir :

Quitter le champ politique, où nous serions un adversaire implacable, pour n'être plus qu'un soldat contre l'ennemi.

Le gouvernement qui s'est improvisé hier prend deux titres : il s'intitule le gouvernement de la République et le gouvernement de la défense nationale.

Nous ne lui en reconnaissons qu'un : celui de la défense nationale.

Ce gouvernement-là peut nous appeler. Nous répondrons.

L'autre, une fois la guerre finie, nous trouvera dans les rangs de l'opposition, et nous lutterons, au nom des départements qui n'ont pas été consultés, et au nom de notre mandat législatif que nous n'abdiquons pas.

En conséquence, et pour nous consacrer exclusivement à la défense nationale, nous quittons la Direction politique du *Public*.

ERNEST DRÉOLLE

Député de la Gironde, Directeur politique du PUBLIC

M. E.-B. Guillaud prend, à partir de ce jour, la rédaction en chef du *Public*.

Le *Public* place en tête de son programme cette seule déclaration : .

GUERRE A L'ÉTRANGER

Toute la rédaction du *Public* se groupe et adhère hautement aux protestations de son directeur, en déclarant n'avoir plus d'autre politique, quant à présent, que celle de la défense nationale.

Pour toute la rédaction :

E.-B. GUILLAUD.

M. DE BOURZEYS.

E.-M. DE LYDEN.

Avant d'enregistrer les documents politiques que publie ce matin le *Journal officiel*, il y a deux rectifications à faire au nom de la vérité.

Le Corps législatif n'a ni voté la déchéance, ni proclamé la République.

Il n'y a eu ni délibération, ni scrutin.

Les détails donnés à cet égard dans la journée d'hier ne sont que pur mensonge.

Le Corps législatif n'était pas réuni en séance publique, quand la salle des délibérations a été envahie.

Il était retiré dans ses bureaux.

La séance n'a pas été reprise au moment de l'invasion de la Chambre.

M. de Kératry se trompe, dans sa proclamation comme préfet de police, quand il parle *de la disparition de la majorité*.

La majorité était à son poste, et elle a subi avec fierté, dans les corridors de la Chambre, les insultes de la foule.

Et maintenant à plus tard le récit détaillé des événements parlementaires de la journée du 4 septembre.

ERNEST DRÉOLLE

LA FRANCE

POLITIQUE, SCIENTIFIQUE ET LITTÉRAIRE

PARIS, 5 SEPTEMBRE 1870

—

LA RÉPUBLIQUE

—

Pour la troisième fois, la journée du 4 septembre 1870 vient de proclamer la République en France.

Au fond, pour tous ceux qui savent lire dans les événements, la République n'était plus, depuis un mois, qu'une question de temps et de circonstances. Elle était tacitement acceptée d'avance, même par la partie de la nation qui ne l'avait pas appelée. Le fait de sa proclamation aura donc été plus brusque qu'on ne le prévoyait, mais non pas inattendu.

L'empire, en effet, avait sombré sans retour dans le désastre qui a mis le territoire national à la merci de l'ennemi. Depuis le 6 août, il n'existait plus qu'à l'état de fiction, soutenu par le seul désir de ne point compliquer d'une question intérieure les calamités du moment. La funeste et incompréhensible capitulation de Sedan devait irrévocablement en marquer la dernière heure. Or, derrière l'empire tombé, il ne pouvait y avoir qu'une solution pour quiconque cherche à la situation politique de notre pays une voie en dehors des préoccupations du passé, et susceptible de nous conduire à un régime définitif.

. . . .

. . . .

Le langage du nouveau gouvernement, ses premiers actes, le choix des membres dont il a composé le ministère, concourent d'ailleurs à indiquer que, lui aussi, obéit à la seule inspiration des suprêmes exigences du moment. Qu'il persévère dans cette attitude patriotique, qu'il écarte les questions accessoires, qu'il ne se laisse point absorber par les détails de symboles et de mots comme cela s'est vu trop souvent au lendemain de nos plus grands mouvements politiques. Il n'en faut pas davantage pour faire évanouir, en quelques jours, jusqu'à la dernière des incertitudes qu'a pu susciter son avènement et pour rallier autour de lui, en un faisceau impossible à rompre, toutes les forces vives de la France.

La population parisienne, de son côté, prête un puissant appui à l'œuvre de la transformation gouvernementale, par le calme imposant dont elle fait preuve depuis vingt-quatre heures et qu'ont à peine troublé un petit nombre d'incidents dus à la première effervescence. Le contraste frappant que présente aujourd'hui la physionomie de Paris avec l'ébullition fiévreuse des jours analogues de notre passé historique est fait pour rassurer les plus timorés, en dissipant les derniers doutes sur le progrès de nos mœurs publiques. Il y a là, nous n'hésitons pas à le dire, en même temps qu'un gage de sécurité pour le présent, un motif de confiance pour l'avenir, car l'empire du peuple sur lui-même serait l'acheminement le plus sûr vers l'établissement définitif des institutions républicaines, et nous pourrons enfin espérer d'avoir traversé, cette fois, la dernière de nos secousses politiques.

Donc, point de stériles retours en arrière. Tous, tant que nous sommes, aidons la République à sauver le pays ; nous aiderons par cela même la République à devenir le gouvernement national de l'avenir, et nous aurons ainsi résolu du même coup le double problème en face duquel nous place le plus redoutable concours de circonstances qu'aient jamais vues surgir l'histoire d'aucune nation.

E. MASSERAS

———

LE NATIONAL

DE 1869

Directeur : I. ROUSSET.

LE 4 SEPTEMBRE

—

Après les révélations faites cette nuit au Corps législatif, il n'y avait, pour la Chambre, qu'un parti à prendre : oublier les anciennes divisions, et entrer, d'un commun accord, dans le mouvement populaire qui seul pouvait sauver la France.

Une fâcheuse hésitation a prévalu.

Au lieu d'avoir à examiner un seul projet fait pour réunir l'unanimité des suffrages, le Corps législatif s'est trouvé aujourd'hui en présence de trois propositions.

Le salut de la patrie voulait qu'une résolution fût prise séance tenante, et que les acclamations unanimes de l'Assemblée donnassent le signal aux acclamations du dehors.

Le Corps législatif ne l'a pas compris. Il s'est retiré dans ses bureaux pour délibérer.

Le peuple, accouru pour acclamer les résolutions qu'il attendait de l'Assemblée, n'a pas compris les hésitations qui remplaçaient la spontanéité sur laquelle il avait compté.

Ce sont les grondements de la foule qui ont alors dicté les résolutions qui ont été prises.

C'est la République qui est chargée de venger l'honneur du nom français !

—

Jamais, on peut le dire, révolution radicale, marquant un changement complet de système, et, bien plus, une substitution complète de gouvernement, ne s'est produite dans les conditions de la révolution qui s'accomplit en ce moment.

En 1830, plusieurs jours de luttes sanglantes avaient produit une exaspération dont les survivants du régime déchu, et particulièrement les Suisses et les prêtres, se ressentirent.

En 1848, Paris, à son réveil, le 24 février, fut tout surpris de trouver la ville complètement bouleversée au physique et au moral par les barricades matérielles qui interceptaient toute communication dans les rues, et par les barricades morales qui ruinaient toutes les négociations entamées et toutes les combinaisons industrielles en cours.

Dans ces deux occasions, on avait vu surgir, comme de dessous terre, des hordes aux figures patibulaires, dont l'apparition avait effarouché tous les intérêts.

Cette fois, c'est en plein jour, c'est à la lueur resplendissante du soleil que la révolution s'est opérée.

C'est au milieu des cris d'enthousiasme et des chants patriotiques que le nouveau régime a été inauguré.

Rien de farouche, rien d'effrayant n'est venu troubler la population.

Pas une barricade, pas une démolition n'est venue effrayer les intérêts.

La vie sociale n'a pas éprouvé un instant d'arrêt, et ce soir, la grande ville présente, tout au contraire, l'aspect d'une animation extraordinaire, mais d'une animation qui sent l'accord et l'union générale.

La population déborde sur tous les lieux de promenade ; les cafés regorgent de consommateurs ; les voitures ont de la peine à se frayer passage, tant il y a affluence. On ne songe guère à les arrêter pour en faire des barricades ; les théâtres sont ouverts comme les autres jours ; les cercles resplendissent de lumière, et la ville serait certainement illuminée si la révolution n'avait pour cause les malheurs de la patrie et les douleurs de tant de familles qui pleurent sur les victimes de la fatale guerre que nous ne devons pas oublier.

. . . .
. . . .
. . . .

I. ROUSSET.

—

Le Temps

PARIS, 5 SEPTEMBRE

—

Paris a vu s'accomplir hier une révolution d'une spontanéité merveilleuse et d'une rapidité foudroyante. Le matin, c'était une question de savoir ce que la pression légitime de l'opinion pourrait obtenir du gouvernement et de la Chambre; à midi, on pouvait encore discerner des symptômes de résistance et des éventualités de conflit; à trois heures, les derniers vestiges de l'empire avaient disparu, et Paris tout entier proclamait la République.

L'unanimité de l'armée, de la garde nationale et du peuple, qui s'est manifestée hier avec tant d'éclat, garantit la situation du gouvernement à Paris. Dans les départements, tout le monde comprendra la nécessité de se rallier sans réserve et de tout cœur au nouveau gouvernement. Rien ne serait plus inopportun que d'en discuter l'origine, le caractère ou la composition. Il faut le prendre en bloc et se dire que, par cela seul qu'il existe, il est le meilleur que nous puissions avoir. S'il en est qui pensent que le mouvement est allé trop loin, ils doivent considérer que la faute en est à la Chambre, qui n'a pas su se décider à temps. Le misérable système des candidatures officielles a bien montré hier ce qu'il valait. La Chambre eût dû prononcer la déchéance et instituer un nouveau pouvoir exécutif, dès la nuit d'avant-hier. Elle pouvait encore le faire hier, jusqu'à deux heures; mais elle ne pouvait pas se flatter de tenir les choses indéfiniment en suspens, et pour n'avoir pas connu le prix des minutes, elle a été justement culbutée. On ne la regrettera pas.

Dès que l'initiative passait au mouvement populaire, il était évident qu'elle ne s'arrêterait pas à moitié chemin, et qu'elle irait jusqu'au bout. Les compromis et les demi-mesures ne seront jamais le fait des masses.

En considérant la liste du gouvernement provisoire, on s'aperçoit bien vite qu'il est composé des députés actuels de Paris et de ceux de leurs prédécesseurs qui ont opté pour la province, lors des dernières élections générales. Cela fait un gouvernement un peu nombreux et d'apparence un peu délibérative, eu égard aux circonstances; mais, l'idée d'une dictature unique écartée, le choix de la députation parisienne se présentait naturellement et s'imposait en quelque sorte.

Dès qu'il s'imposait, il ne comportait aucune exclusion. M. Thiers seul manque à la liste, et, si nous sommes bien informé, ce n'est pas la faute de ses collègues s'il n'y figure pas, mais l'illustre homme d'État a préféré s'effacer de sa personne, tout en garantissant son meilleur concours. C'est aux membres du gouvernement à compenser l'inconvénient du nombre par l'accord des vues et par la promptitude et la justesse de l'action. Ils le comprennent sans nul doute, et ils y réussiront d'autant plus aisément que le gouvernement tout entier se résume, quant à présent, en un seul objet, la défense nationale. Tout ce qui ne se rapporte pas à cela peut et doit être ajourné. La présidence décernée à M. le général Trochu est une mesure excellente, conforme à la situation, et très propre à fortifier la confiance publique, qui, nous le répétons et nous y insistons, doit être acquise sans réserve au nouveau gouvernement.

A. NEFFTZER.

LA PATRIE

PARIS, 5 SEPTEMBRE

—

En présence des événements qui se sont accomplis hier, nous n'avons à insister que sur deux points, les seuls désormais importants.

Nous demandons d'abord à la nation de suivre, sans un mouvement d'hésitation, sans une minute de défaillance, les conseils qui lui sont donnés : que l'ordre ne cesse pas de régner ; que l'union et la concorde soient générales entre tous les citoyens, afin de tenir tête à l'ennemi, de résister énergiquement à l'invasion et de sauver la patrie.

Nous demandons ensuite que le suffrage universel soit consulté aussitôt que les circonstances le permettront, afin que toute la nation puisse exprimer nettement et librement sa volonté.

A ces deux conditions expresses, la France se redressera dans toute sa hauteur; elle pourra demeurer, elle demeurera une nation puissante et honorée.

L'un des secrétaires de la rédaction :

H. DELANOIX.

—

On lit dans le *Journal officiel :*

Ce qui caractérise la révolution du 4 septembre, c'est l'ordre absolu et l'unanime élan avec lesquels elle s'est accomplie.

La garde nationale, à peine reconstituée, a montré l'admirable puissance dont elle est douée ; elle a du même coup sauvé l'honneur de la France et l'ordre de la cité.

Il ne s'est produit, dans ce grand mouvement, ni un désordre, ni une résistance. A deux heures du matin, la paix la plus profonde règne dans Paris.

Le Sénat et le Corps législatif sont vides ; les scellés sont apposés sur la salle des séances de la Chambre. Paris est calme sur tous les points.

———

Le préfet de police au ministre de l'intérieur

Paris, le 4 septembre 1870,
8 heures du soir.

Nous venons de parcourir Paris, de la Préfecture de police aux Invalides, et des Invalides au boulevard de Sébastopol. Tout est calme. La population se contente d'acclamer la République.

Le préfet de police,

KÉRATRY.

Paris, 5 septembre, 1 h. matin.

Le préfet de police au ministre de l'intérieur ;

« Salle du Sénat et du Corps législatif vides. — Tranquillité autour. — Paris calme sur tous les points. »

—

Bordeaux, 4 h. du soir.

Une grande émotion a éclaté à Bordeaux et a duré toute la journée.

Une statue de l'empereur a été jetée de son piédestal.

La garde nationale a refusé son concours au préfet du gouvernement impérial.

—

Une dépêche de Lyon donne des renseignements à peu près identiques sur la situation de cette ville.

—

Une dépêche de Grenoble nous informe que la population de cette ville a donné son adhésion énergique au mouvement qui vient de s'accomplir à Paris.

—

4 septembre, soir.

Les éclaireurs prussiens sont signalés à Guignicourt, à Loivre et à Fismes (Aisne). Le corps du général Vinoy opère son mouvement de retraite sur Laon.

—

L'histoire

Paris, 5 septembre.

ET MAINTENANT

AUX

PRUSSIENS...

—

L'empire est tombé sous l'indignation du peuple ; la République est proclamée !

Après une journée consacrée à l'enthousiasme, au légitime enivrement de cette pacifique victoire, il faut songer à la défense.

Donc, plus de cris, plus de chants, plus de manifestations, plus de promenades patriotiques !

La première partie de notre tâche est accomplie ; la seconde et la plus difficile, nous reste à faire.

Les Prussiens approchent, ne l'oublions pas.

Trente escadrons de cavalerie formant leur avant-garde, se sont mis en marche. Hier soir, vers 9 heures, une dépêche est venue annoncer que les ennemis attaquaient le général Vinoy, près de Reims qu'ils ont occupé.

Deux corps d'armée arrivent, l'un par Laon, l'autre par Troyes. Ils peuvent être sous nos murs dans quatre jours.

Ne nous endormons pas !

Ce ne sont pas des paroles qu'il faut à cette heure, ce sont des actes.

Le 20 septembre approche ; préparons-nous à fêter glorieusement l'anniversaire de la victoire de Valmy !

ODYSSE-BAROT

LES FORCES PRUSSIENNES

—

On lit dans la *Gazette de Francfort* :

Nous trouvons dans le *Courrier du Rhin* des détails sur la composition modifiée des armées allemandes qui, bien que vraisemblables, ne paraissent pourtant pas tout à fait exacts. Tout en nous réservant une rectification ultérieure, nous croyons devoir reproduire ce que dit la feuille de Wiesbaden :

« La première armée (Steinmetz), composée des 1er, 7e et 8e corps d'armée ; de la 3e division de réserve et de la 3e division de cavalerie, peut être estimée à 110.000 hommes.

La 2e armée (prince Frédéric-Charles) se compose des 2e, 3e, 9e et 10e corps d'armée, de la division de Hesse, du corps mobile de la landwehr, des 1re et 6e divisions de cavalerie, ensemble 150 à 160.000 hommes.

Ces deux armées, fortes ensemble de 260 à 270.000 hommes, ont contre elles le maréchal Bazaine, avec tout au plus 130 à 140.000 hommes.

La 3e armée (prince royal) se compose, outre les troupes wurtembergeoises et bavaroises, des 5e, 6e et 11e corps d'armée prussiens, ainsi que de 3 divisions de cavalerie prussienne, ensemble à peu près 180,000 hommes.

La 4e armée (prince royal de Saxe) comprend les 4e, 12e corps, et le corps de la garde, avec la cavalerie y appartenant, en tout 90 à 100.000 hommes.

Les deux armées qui marchent vers Paris, 270.000 à 280.000 hommes, ont devant elles le maréchal Mac-Mahon, avec tout au plus 130.000 hommes. Il y a encore en Alsace 40 à 50.000 hommes sous les ordres du général de Werder. »

Le Siècle.

(ÉDITION DE PARIS)

PARIS. — 4 SEPTEMBRE 1870

—

A LA FRANCE

—

UNION ! UNION !

Il s'est retrouvé bien tard, mais il s'est retrouvé le Paris des grandes journées ! Devant la France envahie, nos vaillantes armées accablées, devant le misérable écroulement du gouvernement à jamais maudit qui a jeté la patrie dans l'abîme, il s'est levé résolu, magnanime, d'un seul cœur et d'une seule voix : l'habit, la blouse et l'uniforme, les armés et les désarmés, confondus et roulant dans des torrents humains.

Où sont les tristes divisions de classes ? les préventions et les défiances réciproques ? Il n'y a plus ni ouvriers ni bourgeois, ni avancés ni modérés ; il n'y a plus que des citoyens unis pour défendre la patrie.

Villes françaises, quelle est celle d'entre vous qui ne répondra pas à l'élan de Paris ! — Et vous, peuples des campagnes, que des instigations perfides et d'indignes calomnies ont abusés sur vos frères parisiens, que n'avez-vous pu assister au spectacle de nos places, de nos boulevards et de nos rues ? Vous aussi, vous aimez la France et voulez la défendre. Soyons unis ; c'est la patrie, cette mère déchirée,

qui vous en conjure par le sang de toutes ses blessures.

Union ! union ! et que nos pères de 92 reconnaissent enfin leurs fils !

A L'EUROPE !

La France impériale n'est plus : la France de la révolution se relève, sanglante, mutilée, mais l'âme à la hauteur de son infortune ; elle se relève tenant cette bannière de la justice pour chacun et pour tous, cette bannière du droit des peuples et du droit de l'homme qu'elle a déployée sur le monde il y a quatre-vingts ans, et qu'elle avait, hélas ! laissé tomber de sa main. Cette défaillance et cette erreur fatale, elle l'a expiée assez cruellement pour désarmer la sévère Némésis de l'histoire.

Et maintenant, elle qui ne hait personne et ne convoite rien sur personne, elle qui est la victime et non l'auteur des calamités de cette effroyable guerre, elle lutte, non pour la vaine gloire ou pour les ambitions monarchiques, mais pour l'existence.

Elle se sauvera ou périra seule ; elle le sait, et n'attend point d'aide, elle qui, seule peut-être parmi les nations, à tant de fois versé son sang pour les autres ; mais que l'Europe le sache bien, si la France succombait, tout idéal de droit et de justice disparaîtrait de l'Europe avec elle devant le règne de la force et de la conquête, et

les seules idées qui puissent régénérer le vieux monde seraient ensevelies dans son linceul jusqu'aux jours inconnus d'une lointaine résurrection !

Mais la France ne saurait périr, car sa mission historique n'est point accomplie, et la révolution française n'est pas venue en ce monde pour être étouffée par surprise à moitié de sa route.

La France vivra pour ceux qui lui jettent la raillerie ou l'anathème dans son malheur, plus que pour elle-même.

HENRI MARTIN

Nous recommandons à nos lecteurs le compte rendu de la séance du sénat :

Le comte de Chabrier déclare que ceux qui proposent la déchéance sont infidèles à leur serment de fidélité à l'empereur.

« Quand les Prussiens seront expulsés du territoire français, nous verrons quelles mesures nous devrons prendre à l'intérieur.

« Si l'empereur avait été victorieux je l'aurais acclamé, et beaucoup d'autres avec moi. Il est vaincu ; je propose de crier Vive l'empereur ! »

Cette proposition est accueillie par un profond silence dans l'Assemblée.

LA LIBERTÉ

PARIS, LUNDI 5 SEPTEMBRE 1870

—

LA RÉPUBLIQUE FRANÇAISE

—

La République est proclamée.

Un gouvernement provisoire est nommé.

Acceptons-le tous, ne perdons pas de temps à discuter.

Travaillons pour organiser la défense.

Chaque heure qui s'écoule dans l'inaction creuse un danger de plus pour nous.

Songeons que l'ennemi s'avance.

Victorieux, il marche sur Paris.

Le danger est grand! Recueillons-nous! Unissons-nous!

Au nom de la liberté et de l'égalité, nous devons tous concourir à la défense de la patrie.

Soyons calmes.

Que les dissensions intérieures s'éteignent.

N'ayons qu'un même vœu, celui de sauver la patrie ou de mourir tous pour son salut.

Donnons au monde entier le sublime spectacle d'une union fraternelle.

Serait-il possible qu'au milieu de cette grande crise nationale nous ne soyons étroitement liés?

L'ennemi fera tous ses efforts pour nous diviser.

Pour nous diviser, il sèmera la défiance.

Oh! pas de luttes fratricides.

Pas de sang versé, si ce n'est pour combattre l'envahisseur.

Que les municipalités répandent et développent ces sentiments d'union dans toutes les communes, afin que chacun s'en pénètre.

Nous avons affaire à un ennemi redoutable, nombreux, discipliné.

Opposons-lui notre ardeur d'hommes libres, notre civisme, notre union, notre courage, et

Nous vaincrons!

LÉONCE DÉTROYAT

LA RÉPUBLIQUE EUROPÉENNE

—

Maintenant que, pour la troisième fois, la France est en possession de la forme républicaine, ce qu'il faut ardemment désirer, c'est que la République s'établisse autour de nous le plus vite possible et le plus loin possible.

Elle existe déjà à côté de nous, en Suisse, un petit pays qu'elle a fait libre, prospère et qu'elle a rendu si invincible, si inviolable, que nul ne songe à l'attaquer.

Elle ne tardera pas à exister en Espagne et en Italie!

Ah! si la crainte qu'inspire si justement le militarisme prussien à tous les Allemands qui réfléchissent, pouvait donner naissance en Allemagne à de sérieuses tentatives d'établissement de la République, quelle heureuse diversion ce serait pour la France!

Tout le noble sang versé, tous les immenses désastres amoncelés depuis que la guerre a éclaté entre la France et la Prusse plaident en faveur du remplacement du vieil équilibre européen, par les États-Unis de l'Europe.

Travaillons tous à faire sortir cette idée de la région des prétendues chimères pour la faire entrer dans le domaine des réalités!

Tous les peuples y gagneront, tous, et surtout le peuple allemand, écrasé sous le poids du plus lourd des impôts, l'impôt corporel, l'impôt du servage militaire qui l'enchaîne pendant trente années de sa vie de 20 à 50 ans.

Certainement un des premiers actes de la République française sera un appel à l'Allemagne, à l'Espagne, à l'Italie, enfin à tous les peuples qui veulent fermement la paix par la liberté et la liberté par la paix. Il ne serait pas impossible que cet appel eût le plus grand et le plus sympathique retentissement.

Il ne serait pas impossible qu'il arrêtât l'effusion du sang.

Quel bonheur ce serait pour l'humanité!

Et quelle gloire pour l'idée républicaine!

LÉONCE DÉTROYAT

4

JOURNAL DES DÉBATS

POLITIQUES & LITTÉRAIRES

· FRANCE

Paris, 5 septembre

—

Nous ne songeons pas à examiner la valeur légale du gouvernement de fait qui siége depuis hier à l'Hôtel-de-Ville. Mais quelque jugement que chacun puisse porter sur l'opportunité et sur la moralité du mouvement révolutionnaire qui vient de triompher, il faut reconnaître que la première et la plus urgente nécessité du moment est d'avoir à Paris un pouvoir en état de faire face aux terribles difficultés intérieures et extérieures de l'heure présente. Nous ne pouvons donc pas songer à combattre le nouveau gouvernement qui vient de s'établir à la suite des événements que nous nous bornons à raconter aujourd'hui.

Nous faisons des vœux pour qu'il s'acquitte honorablement de la lourde tâche qu'il n'a pas craint d'assumer d'une façon tout à fait spontanée, en en déchargeant le pouvoir dont la déplorable politique nous a précipités dans de si terribles malheurs.

Mais ce qui est surtout indispensable, c'est que le pays soit appelé aussitôt que cela sera possible à régler lui-même ses destinées. Il n'appartient qu'à une Assemblée librement élue de déclarer en dernier ressort quelles sont les institutions qui conviennent le mieux à la France, et qui pourront lui rendre le plus tôt et le plus sûrement la paix, l'ordre, la sécurité et l'honneur, tous ces biens précieux qui nous ont été ravis à la fois par l'étourderie criminelle des hommes qui ont jeté le pays, malgré lui, dans la guerre actuelle.

Une proclamation du gouvernement provisoire nous annonce la fin du *gouvernement personnel*. Les hommes qui l'ont signée sont certainement assez éclairés pour comprendre que le pays ne veut pas plus du gouvernement personnel de onze particuliers que de celui d'un seul.

Le secrétaire de la rédaction,

P. DAVID.

—

L'agence Havas nous transmet es dépêches ci-après :

« Lille, le 5 septembre.

« La municipalité a délivré de nombreux fusils dans la journée. La garde nationale s'est formée aujourd'hui. Lille est agitée, mais il n'y a pas de désordre. La population est calme et inquiète. On crie *Vive la République !* La République a été adoptée sans résistance. Le préfet du Nord a envoyé sa démission à Paris. On prépare la défense de Lille. Le bruit court qu'à Roubaix les ateliers sont fermés. »

« Le Havre, 5 septembre.

« Hier soir, la garde nationale sédentaire assemblée a proclamé la république.

« L'ordre le plus parfait n'a pas cessé de régner. »

« Marseille, 5 septembre.

« Une vive émotion règne ici par suite des événements politiques qui viennent de s'accomplir.

« La nouvelle municipalité s'est constituée.

« La préfecture a été occupée par le peuple.

« L'ordre n'a pas été troublé. »

—

Les membres du conseil municipal de Versailles se sont réunis dimanche 4 septembre, à une heure. On a proposé d'adhérer à la proposition de M. Jules Favre sur la déchéance et la nomination d'un gouvernement provisoire. Vingt membres sur trente ont adhéré ; deux absents ont donné depuis leur adhésion.

—

LE PARLEMENT

Adrien BRAVAY, seul Propriétaire, Directeur-Gérant

PARIS, 5 SEPTEMBRE

Voici le texte exact de la lettre envoyée par Napoléon III au roi de Prusse.

« N'ayant pas de com-
» mandement dans l'armée,
» ayant résigné mes pouvoirs
» entre les mains de l'impé-
» ratrice, régente, je remets
» mon épée au roi de Prus-
» se. »

—

BULLETIN DES BATAILLES

Voici les détails apportés en Belgique par le correspondant du *Pall Mall Gazette,* témoin oculaire de ces immenses événements :

L'empereur est prisonnier.

Mac-Mahon, enfermé dans Sedan, a mis bas les armes avec 40,000 hommes.

La bataille, commencée hier à 4 heures sous les murs de Sedan, a été suspendue vers 2 heures, pour reprendre à 3 heures avec une nouvelle furie, et était à 5 heures définitivement terminée. Mac-Mahon et son armée étaient rejetés dans Sedan, cernés par l'armée prussienne au nombre de 250.000 hommes et hors d'état de tenir deux jours dans les fortifications insuffisantes.

A six heures, un officier d'état-major français se présentait, en parlementaire, au quartier général du roi de Prusse, pour discuter les termes d'une capitulation. On trouva qu'il n'avait pas qualité pour traiter du sort de toute une armée, enfermée dans la place. On demanda à traiter avec le général O'Reilly, commandant de la place.

Celui-ci à son tour fut envoyé.

Il reçut pour réponse que, toute défense sérieuse dans Sedan étant impossible à l'armée française, on exigeait qu'elle se rendît à discrétion.

A ce moment, dit le correspondant de la *Pall Mall Gazette*, il n'était pas encore question de l'empereur, dont on ignorait la présence dans le camp français, et le silence gardé sur un fait si capital par le parlementaire fut plus tard hautement blâmé.

Tout à coup, une acclamation immense parcourut le camp prussien : *Der Kaisser is da!* (L'empereur est là !)

Presque en même temps, une lettre autographe de Napoléon III était apportée au roi de Prusse. Dans cette lettre, dont on ne peut naturellement certifier les termes, l'empereur, au dire de l'état-major prussien, dit que, « *ne pouvant mourir à la tête de son armée, il dépose son épée entre les mains du roi de Prusse.*

L'enthousiasme était immense dans l'armée prussienne. Les soldats jetaient leurs armes et s'embrassaient, regardant la guerre comme finie. Un quart d'heure après, toutes les musiques prussiennes jouaient. Quelques-unes se mirent à exécuter les airs de *partant pour la Syrie* et même la *Marseillaise*, mais des envoyés allèrent aussitôt leur imposer silence pour que l'armée prussienne ne gâtât pas son triomphe, en ayant l'air d'insulter au malheur des vaincus.

Le comte de Bismarck était vivement entouré et félicité. Il répondait :

— Messieurs, je ne suis pour rien dans le succès de cette guerre. Adressez-vous au roi, à de Moltke. Je n'ai rien fait. Si pourtant, dit-il en se reprenant vivement, j'ai fait quelque chose. J'ai fait que les Etats du Sud de l'Allemagne nous ont aidés de leur puissant appui, et c'est à eux, c'est à nos braves Bavarois et Wurtembergois que nous devons cette dernière journée.

On sait, en effet, que ce sont les armées des Etats du Sud qui ont surtout donné dans la journée de jeudi.

La population de Sedan était toute entière sur les remparts depuis que le feu avait cessé, et regardait, dit le reporter anglais, l'immense déploiement de l'armée prussienne, comme s'il se fût agi d'un simple spectacle.

L'empereur a été pris à Vendresse.

———

MARDI 6 SEPTEMBRE 1870

LA PRESSE

36ᵉ année

Paris, 5 septembre 1870

—

LA DÉFENSE NATIONALE

—

L'empire a disparu. Le Corps législatif est dissous. Le Sénat est aboli. La République est proclamée, et un gouvernement, dont le siége est à l'Hôtel-de-Ville, a été installé hier.

Ces événements puisent dans les circonstances au milieu desquelles ils éclatent une sorte de grandeur tragique. Les révolutions que notre temps a connues n'engageaient que nos destinées à l'intérieur. Elles pouvaient donc être mêlées de dissensions et de luttes. Maintenant la pensée du salut de la patrie doit dominer tous les sentiments. Et c'est sous la lumière de ces inspirations que nous essayerons de juger tout ce qui s'est déjà produit et tout ce qui suivra.

Il y a, dans la révolution qui s'est accomplie hier, un principe et un fait.

Le principe, c'est la République.

Le fait, c'est la constitution d'un gouvernement qui s'est donné à lui-même la tâche d'organiser la défense de la nation.

Le 10 août 1792, la proclamation de la République n'a été qu'un acte de vengeance contre le passé, et l'annonce de représailles cruelles que la société naissante allait prendre, dès son origine, contre la société qu'elle condamnait littéralement à mort.

Le 24 février 1848, le retour de cette forme de gouvernement a été une surprise.

Le 4 septembre 1870, l'adoption de ce principe peut être un grand acte de sagesse nationale. Elle peut signifier la prise de possession de notre pays par lui-même, et elle peut devenir le titre indélébile de notre souveraineté s'exerçant dans une liberté complète.

Pour moi, personnellement, je l'accepte, sans-arrière pensée, sans hésitation, sans réserve. Je crois que c'est la forme vers laquelle doivent tendre tous les peuples modernes s'ils veulent réaliser l'expression définitive de leurs espérances et de leurs droits.

J'ai la conviction de ne céder, en écrivant ces lignes à aucun entraînement. Je ne songe pas à flatter la victoire. Je ne suis pas de ceux qui ont triomphé. Je ne sais pas si la République née d'hier sera plus viable qu'elle ne l'a été dans d'autres temps et que ne l'ont été, avant ou après elle, l'empire des Napoléon et la monarchie constitutionnelle des deux branches de la maison de France.

Mais je crois fermement qu'une nation, sûre d'elle-même, unie et résolue, trouve dans des institutions républicaines vraies toutes les garanties d'ordre, de stabilité et de liberté qu'exigent les grands intérêts sociaux dont la défense importe au salut même de la nation.

Seulement, pour que cette République vive et se consolide, il faut qu'elle soit, véritablement et en fait, la République nationale qu'annonçait hier M. Gambetta sur les marches du palais Bourbon. Il faut qu'elle nous unisse, au lieu de nous diviser. Il faut qu'elle soit notre République à nous tous, au lieu d'être un gouvernement sectaire ; qu'elle nous admette tous et qu'elle nous respecte tous.

A ces conditions, sans rien insulter dans le passé, sans adhérer d'avance à des décisions que je ne connais pas, je l'écris aujourd'hui, lorsque tout paraît encore incertain dans l'avenir : je suis républicain.

. . . .
. . . .
. . . .
. . . . ,

F. DE LA PONTERIE.

LE PAYS

Paris, 5 septembre 1870

—

Hier, au sortir du Corps léglslatif, les députés de Paris se sont réunis dans une salle de l'Hôtel-de-Ville.

Après une courte délibération, la porte de la salle s'est ouverte, et M. Gambetta a proclamé la liste des onze députés qui se constituaient en gouvernement provisoire sous le titre de *Gouvernement de la défense nationale.*

M. Gambetta a fait ensuite la déclaration suivante :

« Citoyens, comprenez-« nous : ce gouvernement « n'est qu'un pouvoir de pas-« sage et de transition. Il n'a « qu'un objet : défendre la « nation contre l'envahisse-« ment de l'étranger. Après « quoi, il disparaîtra, nous « en prenons l'engagement « solennel. »

A notre avis et jusqu'au moment où le dernier soldat prussien aura repassé le Rhin, il ne saurait être question que de la défense nationale.

C'est le titre qu'a pris le gouvernement provisoire après l'envahissement de la Chambre par la foule.

Quand le sol de la patrie sera délivré, alors la nation française, dans la plénitude de son droit, de son imprescriptible souveraineté et du calme qui convient à ce grand acte, indiquera par la grande voie du suffrage universel le gouvernement qui lui conviendra.

Nous ne nous sentons déliés par les événements qui se précipitent ni de nos affections, ni de nos convictions : depuis un mois, nous ne faisions plus de politique, nous n'avions qu'un but, qu'une pensée, qu'un devoir : soutenir l'élan de la nation contre les Prussiens, soutenir les grands principes de l'ordre, de la famille, de la religion et de la propriété.

Tant qu'une goute de sang coulera dans nos veines, nous resterons inébranlables dans ces sentiments et dans ce double devoir.

Nous sommes persuadés d'avance que la France tout entière les partage.

Pour toute la rédaction,

HENRY DE LA GARDE.

L'ARMÉE

—

Dans la phase critique que traverse notre patrie, qu'un cri suprême de courage et de salut parte de nos poitrines et aille ranimer l'élan de nos héroïques soldats.

Que la bravoure, que la rage avec lesquelles ils ont combattu, soient inscrites en lettres de bronze dans l'histoire de la France !

Veut-on savoir ce que l'armée française a fait?

Pendant quatre journées de combats gigantesques, elle a lutté nuit et jour sans boire, sans manger, sans dormir.

Ils étaient quatre-vingt mille contre quatre cent mille Prussiens !

Et, dans cette lutte héroïque, quoique tenus en échec, ils ont décimé des forces ennemies sans cesse renaissantes.

Ancienne ou moderne, l'histoire d'aucun peuple n'offre rien de pareil.

Honneur à eux! ils ont la confiance de la nation.

Demain ils auront toute la nation avec eux et à côté d'eux pour faire face aux Prussiens.

Dieu sauve l'armée!

Dieu sauve la France!

HENRY DE LA GARDE

LE VOLONTAIRE

MARDI 6 SEPTEMBRE 1870

PARIS

Lundi 5 septembre 1870

—

Nous disions hier que le suffrage universel serait appelé à se prononcer sur les destinées politiques de la France.

Nous sommes convaincus que les hommes qui sont aujourd'hui au Pouvoir n'ont pas d'autre pensée.

Leur dévouement dans la crise actuelle nous répond de leur désintéressement.

Il faut, en effet, un courage exceptionnel et un ardent patriotisme pour prendre en mains une situation aussi grave et en assumer toutes les responsabilités.

Nous savons quelles sont les difficultés du présent et de l'avenir. Nous comptons sur la France entière pour aider le Gouvernement à les surmonter.

C'est pourquoi nous tenons à déclarer hautement que nos vœux et notre concours lui sont acquis.

Ils ne manqueront jamais à un Gouvernement de défense nationale !

La rédaction du *VOLONTAIRE*.

LES APPROVISIONNEMENTS
DE PARIS

—

En prévision de la marche des Prussiens sur la capitale, il nous paraît utile de dire quelle est, à cette heure, la situation des approvisionnements de Paris.

On compte aujourd'hui, tant au bois de Boulogne qu'au Luxembourg et dans les parcs répartis sur plusieurs points :

environ 220.000 moutons
40.000 bœufs
12.000 porcs.

La consommation quotidienne de Paris est évaluée en moyenne à 4.000 moutons et 700 bœufs.

Il y a en outre à peu près 30 à 40.000 quintaux de viande salée, conserves, etc., et un approvisionnement très-considérable de poisson salé.

Paris possède également une provision énorme de sel soit pour la consommation, soit pour la nourriture des bestiaux, et leur salaison dans le cas où une épidémie se déclarerait dans les troupeaux.

Nous avons, de plus, trois cent mille quintaux de farine en dehors des existences dans les magasins des boulangers, existences qui dépassent 200.000 quintaux.

Enfin Paris possède actuellement dans son enceinte 100.000 quintaux de riz.

Ces approvisionnements de toute nature se complètent par 6.000 quintaux de café, en dehors de ce que le commerce a dans ses magasins.

Paris est donc à cette heure parfaitement approvisionné.

Le secrétaire de la rédaction,

EUGÈNE GRIMONT.

LE FRANÇAIS

JOURNAL DU SOIR

Ce qui est fait est fait.

Ce n'est le moment ni de s'applaudir, ni de récriminer. Ce qu'il faut, c'est agir.

Le principe essentiel de la République, c'est qu'elle est le gouvernement du pays par lui-même, pour la liberté. C'est à ce titre que tous doivent accepter aujourd'hui la forme de gouvernement issue irrégulièrement des événements d'hier.

Les Prussiens sont à Châlons. Il n'est pas douteux qu'ils vont s'avancer à marches forcées sur Paris.

Ils voudront profiter du trouble où ils supposent que le changement de gouvernement va plonger la France.

De Châlons à Nogent il y a 144 kilomètres par la route de Sézanne.

L'armée prussienne a fait depuis le commencement de son entrée en France des marches de 22 kilomètres en moyenne.

Dans SIX jours, AU PLUS TARD, l'armée prussienne tout entière sera devant Paris.

Avant ce temps, la cavalerie prussienne aura poussé ses reconnaissances hardies jusque dans notre banlieue.

Il n'y a pas une heure, point une minute à perdre. « Aux armes ! »

FRANÇOIS BESLAY.

La Révolution

La Révolution est faite.

Elle s'est faite sans collision, sans une goutte de sang versé.

Du côté du gouvernement, pas même un essai de résistance.

On sait ce que nous pensions du régime qui vient de s'effondrer sous le poids de ses fautes et sous l'écrasante responsabilité des malheurs où il a précipité la France. Ce n'est pas l'heure d'y revenir. Nous n'avons pas besoin d'attaquer nos adversaires à terre : nous leur avons tout dit quand ils étaient puissants. Et d'ailleurs, parmi ceux-là mêmes qui flattaient hier l'empire, il n'en manquera pas pour le traîner aux gémonies. Nous leur laissons ce soin . . .

. . . .

La question urgente, unique, c'est le salut du pays, l'expulsion de l'étranger.

A voir l'attitude de Paris hier, à le voir accomplir une révolution ou plutôt y assister, comme à une fête, le sourire au visage, des chants sur les lèvres, et des feuillages aux fusils et aux chapeaux, il semblait vraiment qu'il oubliât l'unique, la redoutable question.

. . . .

Les hommes de liberté, d'ordre et de patriotisme, ont laissé passer hier la révolution comme un châtiment mérité. Ils n'ont pas voulu défendre une dynastie. Mais qu'ils ne manquent pas aujourd'hui à défendre la France :. . . . .

. . . . , .

C'est autour du général Trochu et de la garde nationale qu'il faut tous nous presser avec un seul cri sur les lèvres et dans le cœur, le cri de : Vive la France ! C'est ce que nous faisons pour notre part, soucieux avant tout du salut de la patrie, et haïssant aussi énergiquement la dictature de l'Hôtel-de-Ville que celle des Tuileries, et les coups de force de la rue que les coups d'État des empires.

PAUL THUREAU-DANGIN

PARIS. — IMP. F. DEBONS ET Cie, 16, RUE DU CROISSANT.